MEIN

HERMANN - BACKBUCH

Herstellung und Verlag:
Books on Demand GmbH, Norderstedt
ISBN 978-3-8423-7511-6

VORWORT

Als Hermann bei uns „eingezogen ist", hatte er nicht viel Gepäck: Ein kurzer Brief des Vorbesitzers mit den allerwichtigsten Informationen zum Umgang mit unserem neuen Mitbewohner war alles, was uns an die Hand gegeben wurde.

Schnell fanden wir jedoch heraus, dass der pflegeleichte Hermann zum Leben nicht viel braucht. Regelmäßiges Umrühren und ab und zu eine kleine Mahlzeit reichen diesem Ansatzteig aus!

Hermann revanchiert sich nun regelmäßig, indem er für leckeres Gebäck und facettenreiche Überraschungen auf der Kaffeetafel, am Frühstückstisch oder beim Picknick sorgt.

Der kleine Kerl ist bei uns seit Jahren ein festes Familienmitglied! In regelmäßigen Abständen backen wir unseren Hermann-Kuchen, und auch bei Ausflügen ist Hermann stets dabei.

Meine Kinder haben schon oft und gerne Hermanns an befreundete Familien verschenkt – und mich auf die Idee gebracht, dass ich meine Erfahrungen mit Hermann doch einmal zu Papier bringen soll.

Im ersten Teil des Buches erfahren Sie alles, was man zu Aufzucht und Pflege des Hermannteiges wissen sollte. Im zweiten Teil finden Sie eine Zusammenstellung unserer liebsten Rezepte mit zahlreichen Tipps, sodass immer wieder neue Variationen entstehen können.

Bestimmt ist meine Rezeptsammlung nicht abschließend. Ich würde mich sehr freuen, wenn mir Leser Erfahrungsberichte oder eigene Rezepte an Hermann.Buch@gmx.de senden würden!

Ich hoffe, dass Hermann sich bei Ihnen genauso schnell wie bei uns einlebt und wünsche viel Spaß beim Lesen, Backen und Genießen!

Anne T. Pörs

INHALT

Teil 1 – Aufzucht und Pflege

Teil 2 – Rezepte

ERSTER TEIL

- Aufzucht und Pflege -

„Wer" ist „Hermann"?

"Hermann" ist ein Ansatzteig aus Weizenmehl, Milch, Zucker und Hefe. Dieser seit den 1980´er Jahren im deutschsprachigen Raum bekannte Teig wird traditionell von Haus zu Haus weiter gegeben. Das Besondere an Hermann ist, dass mit diesem Ansatzteig angesetztes Gebäck besonders locker und saftig ist!

Da der unkomplizierte Hermann, ähnlich wie ein Haustier, gepflegt und gefüttert werden muss, erfreut sich dieser kleine Kerl insbesondere in Familien größter Beliebtheit. Selbst Backanfängern gelingt es mit Leichtigkeit, einen leckeren Hermannkuchen zu bereiten.

Traditionell wird Hermann 10 Tage lang gepflegt, bis er schließlich seinen großen Tag hat. An diesem zehnten Tag, dem sogenannten „Back-Tag", wird Hermann gefüttert und anschließend in gleich große Portionen geteilt. Die dadurch entstehenden Hermann-Kinder können dann nach Belieben zum Backen verwendet, an liebe Bekannte weiter gegeben oder zur Vorratshaltung eingefroren werden.

Der „Ur-Hermann"

Traditionell wird Hermann von Haus zu Haus weiter gegeben. Wer keinen Hermannteig geschenkt bekommen hat, der setzt einfach selbst einen Ur-Hermann an.

Zutaten:

100	g	Weizenmehl
25	g	Zucker
½	Pckg.	Trockenhefe
150	ml	Wasser

Vorgehensweise:

Die Zutaten für den Ansatzteig werden in einem nicht-metallischen Gefäß mit einem Löffel aus Plastik oder Holz gründlich verrührt. Anschließend deckt man die Schüssel ab (nicht ganz luftdicht) und stellt sie für zwei Tage an einen warmen Ort (bei Zimmertemperatur). Zweimal täglich wird der Hermannteig nun umgerührt - am dritten Tag zieht er schließlich in den Kühlschrank um. Da er sich an diesem Tag in seinem neuen Heim einleben muss, soll Hermann an diesem Tag nicht umgerührt werden! Am vierten Tag beginnt man mit „Tag 1" des Pflegezyklus und behandelt Hermann so, wie es im weiteren Verlauf dieses Buches beschrieben wird.

Der Hermannteig – was man wissen sollte

An sich ist Hermann nicht anspruchsvoll. Man sollte jedoch Folgendes beachten:

1. Hermann mag kein Metall! Aus diesem Grund sollte er in einem Gefäß aus Kunststoff, Glas oder Keramik aufbewahrt werden. Zum Umrühren empfiehlt sich die Verwendung eines Löffels aus Holz oder Plastik.
2. Da der Teigansatz "Luft zum Atmen" braucht, sollte man das Aufbewahrungsgefäß nicht komplett luftdicht verschließen. Optimal ist z.B. eine Schüssel mit Dampfventil (Mikrowellengeschirr).
3. Um unerwünschte Essiggärung zu vermeiden, empfiehlt sich die Aufbewahrung des Hermannteiges im Kühlschrank.
4. Wenn Hermann sich wohl fühlt, blubbert er langsam vor sich hin und es bilden sich kleine Luftblasen an der Oberfläche.
5. Wenn es Hermann gut geht (und keine Essiggärung stattfindet), riecht der Teig angenehm nach Hefe.
6. Beim Ansetzen des Ur-Hermann kann es passieren, dass die festen Bestandteile des Teiges in der Schüssel nach unten sinken. In dieser Zeit sollte der Hermannteig besonders regelmäßig und gründlich umgerührt werden.
7. Je „älter" ein Hermann ist, umso luftiger wird das mit Hermannteig angesetzte Gebäck.

Der Pflegezyklus

An dem Tag, an dem Hermann neu in den Haushalt kommt, sollte man ihn in Ruhe lassen. Falls es notwendig ist, wird er in ein geeignetes Gefäß gefüllt. Anschließend lässt man Hermann Zeit zum Ausruhen, denn so ein Umzug strengt an!

Am nächsten Tag beginnt der Pflegezyklus. Hat man Hermann geschenkt bekommen, so startet man mit „Tag 2". Später, wenn man bereits einen Pflegezyklus beendet hat, fängt man nach „Tag 10" wieder regulär mit „Tag 1" an. An den meisten Tagen ist es nur erforderlich, dass Hermann gründlich umgerührt wird. Am fünften und an zehnten Tag des Zyklus hat Hermann jedoch Hunger und verlangt nach einer Mahlzeit!

Es bietet sich an, dass man einen Zettel mit dem ersten Tag (Datum) des Pflegezyklus auf dem Hermann-Gefäß befestigt. Hermann braucht eine Vertrauensperson! Um Überfütterung oder Vernachlässigung aus dem Weg zu gehen, sollte eine Person als „Hermann-Pate" festgelegt werden. Hier ist es natürlich auch möglich, dass die Verantwortlichkeit zu Beginn eines Pflegezyklus auf eine andere Person übertragen wird.

Hier der Tagesplan (Pflegezyklus):

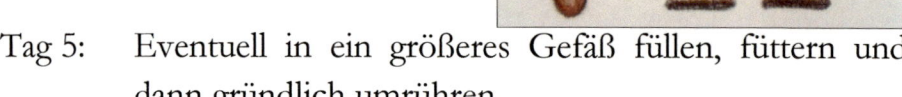

Tag 1:   Umrühren

Tag 2:   Umrühren

Tag 3:   Umrühren

Tag 4:   Umrühren

Tag 5:   Eventuell in ein größeres Gefäß füllen, füttern und dann gründlich umrühren

Tag 6:   Umrühren

Tag 7:   Umrühren

Tag 8:   Umrühren

Tag 9:   Umrühren

Tag 10:   Füttern, umrühren, anschließend Teilung und Weiterverarbeitung der Hermannkinder

Rezept für eine Hermann-Fütterung

    100   g   Weizenmehl,

    150   g   Milch,

    150   g   Zucker

werden gründlich verrührt und anschließend an Hermann verfüttert.

Hermann bekommt Probleme mit seiner Verdauung, wenn er seine Mahlzeit nicht gründlich genug unter gerührt bekommt.

Die Teilung

Am zehnten Tag eines Pflegezyklus bekommt Hermann eine Mahlzeit. Anschließend wird er in vier gleich große Portionen geteilt. Am besten geht das unter Zuhilfenahme einer Waage, denn ein Hermannkind sollte ungefähr 200 g wiegen. Der Hermann, der weiter gefüttert wird, sollte nicht mehr als 220 g wiegen.

Man kann vorschlagsweise einen der vier Hermanns zum Backen verwenden, einen Ansatzteig weiter pflegen und zwei der Hermann-Kinder weiter geben.

Mit den Hermann-Kindern kann man jedoch grundsätzlich Folgendes machen:

- Einen neuen Pflegezyklus beginnen lassen:
  Am Tag nach der Teilung wird mit dem Hermann-Kind wieder bei „Tag 1" des Pflegezyklus begonnen.
- Hermann verschenken:
  Am Tag der Teilung wird Hermann seinem neuen Besitzer übergeben. Dort gönnt man ihm, wie bereits beschrieben, einen Tag Ruhe. Anschließend beginnt man mit Tag 1 des Pflegezyklus.
  Um dem Beschenkten einen guten Start mit seinem neuen Mitbewohner zu ermöglichen, sollte man ihm eine kleine Anleitung („Hermann – Brief") dazu mit geben.
  Man kann einen Hermann auch noch zwei bis drei Tage weiter pflegen und erst dann verschenken. Der Beschenkte sollte dann nur erfahren, mit welchem Tag des Zyklus er nach dem Eingewöhnungstag, den er Hermann in seinem neuen Heim gönnt, fortfahren soll.
- Hermann einfrieren:
  Sollte man einen Hermann übrig haben, so kann man diesen einfrieren.

Hermannteig einfrieren

Hermann kann zu jedem Zeitpunkt des Pflegezyklus eingefroren werden. Es erweist sich als besonders günstig, dass man den Tag des Einfrierens auf der Packung vermerkt (z.B. „Tag 6"). An dem

Tag, an dem man Hermann wieder aus dem Gefrierschrank nimmt, lässt man ihn in Ruhe auftauen. Am folgenden Tag geht es weiter mit dem Pflegezyklus (z.B. „Tag 7", also wird der Teig umgerührt).

Tiefgekühlt hält sich Hermann mindestens für drei Monate frisch!

Urlaub – und was macht Hermann?

Wenn man verreisen möchte, hat man zwei Möglichkeiten:

1. Hermann an einen guten Bekannten, Verwandten oder Nachbarn geben. Hermann verbringt dann dort seinen Urlaub und der Pflegezyklus wird einfach planmäßig fortgesetzt. An den „Umzugstagen" wird jedoch pausiert, da Hermann an diesen Tagen Ruhe zur Eingewöhnung braucht.
2. Hermann wird eingefroren und nach dem Urlaub einfach wieder aufgetaut.

Der Hermannbrief

Wenn man einen Hermannteig an einen lieben Menschen weiter gibt, sollte man diesem eine Anleitung zur Pflege seines neuen Mitbewohners dazu geben.

Es gibt verschiedene Arten von Hermannbriefen mit unterschiedlichem Informationsgehalt.

Hier ein Beispiel:

- Hermann-Brief -

Hier ist Hermann! Er will hoch hinaus - bewahre ihn also in einem hohen, nicht ganz luftdicht verschlossenen Gefäß im Kühlschrank auf. Da dein neuer Mitbewohner kein Metall leiden kann, solltest du zum Umrühren einen Löffel aus Plastik oder Holz verwenden! An dem Tag, an dem du Hermann bekommst, also am 1. Tag, muss er sich in seinem neuen Heim eingewöhnen. Gönne ihm Ruhe!

1. Tag: *Ruhen lassen;*
2. Tag: *Umrühren;*
3. Tag: *Umrühren;*
4. Tag: *Umrühren;*

5. Tag: *Hermann hat Hunger und braucht Platz! Fülle ihn also in ein größeres Gefäß und füttere ihn.*

Hermann benötigt
>   *100 g Mehl*
>   *150 g Zucker*
>   *150 ml Milch.*

Dein Freund mag es, wenn man ihn rührt bis er wieder ganz glatt ist!

6. Tag: *Umrühren;*
7. Tag: *Umrühren;*
8. Tag: *Umrühren;*
9. Tag: *Umrühren;*

10. Tag: *Heute hat Hermann seinen großen Tag: Es ist Back-Tag! Zunächst braucht das Kerlchen aber zur Stärkung eine Mahlzeit.*

Füttere Hermann wie am fünften Tag – und auch heute solltest du Hermann richtig gründlich umrühren.

Nun geht es an das brüderliche Teilen: *Teile deinen Hermann in 4 gleiche Teile (à ca. 200g). Du kannst nun zum Beispiel 2 Hermanns verschenken, einen Teil für einen Kuchen verwenden und einen Teil neu füttern (beginne hierfür am elften Tag mit „Tag 1"). Natürlich kannst du auch einen Hermann als Vorrat einfrieren!*

Grundrezept Hermannkuchen:

Verrühre eine Portion Hermannteig mit 200 g Mehl, 1 Pckg. Backpulver, 1 Pckg. Vanillezucker, 150g Zucker, 1 Prise Salz, 3 Eiern, 80 g Öl, 150 g Milch.

Nach Belieben kannst du den Kuchen natürlich durch Zugabe weiterer Zutaten verfeinern (siehe dazu: „Mein Hermann – Backbuch" von Anne T. Pörs).

Fülle den Teig in eine Gugelhupf – oder Rührkuchenform, anschließend wird der Hermann bei 180°C Ober-/ Unterhitze ca. 45-50 Minuten gebacken. Nach dem Erkalten kannst du den Kuchen mit einer Glasur deiner Wahl überziehen.

Wenn du einen Hermann verschenkst, solltest du dem Beschenkten mindestens eine Kopie des Hermann-Briefs dazu geben … besser ist es natürlich, dem neuen Hermann-Besitzer eine kleine Rezeptsammlung zu schenken (denn Hermann ist äußerst vielseitig)!

ZWEITER TEIL

- Rezepte -

Mohn-Marmor-Gugelhupf

Apfel-Eierlikör-Torte

Rezept für eine Springform (Durchmesser 26 cm)
Insgesamt ca. 3426 kcal
Bei 20 Portionen ca. 286 kcal / Portion

Teig:

100	g	Butter
60	g	Zucker
1	Prise	Salz
2		Eier
1	Pckg.	Vanillezucker
50	g	Mehl
5	g	Backpulver
20	g	Eierlikör
200	g	Hermannteig (1 Portion)

Apfelmasse:

800	g	Äpfel (z.B. Boskop, vorbereitet gewogen)
150	g	Apfelsaft
20	g	Zucker
½	TL	Zimt
1	Pckg.	Vanillepuddingpulver

Puddingguss:

250	g	Milch
1	Pckg.	Vanillepuddingpulver
1	Pckg.	Vanillezucker
50	g	Zucker
2	Blatt	Gelatine
100	g	Eierlikör

Zubereitung:
- Backofen vor heizen. Eine Springform einfetten.
- Weiche Butter und Zucker schaumig rühren, nach und nach die Eier gründlich unter rühren.
- Vanillezucker, Mehl, Salz und Backpulver vermischen, zu der Butter-Ei-Masse geben und alles mit dem Hermannteig verrühren.
- Teig in die Form füllen und glatt streichen, auf unterster Einschubleiste goldbraun backen. Im Anschluss bleibt der Teigboden in der Springform.
- Die gewaschenen und geschälten Äpfel in kleine Stücke schneiden, in 75 ml Apfelsaft kurz dünsten. Zucker, Puddingpulver, Zimt und den restlichen Apfelsaft verrühren und die Apfelmasse damit andicken (kurz aufkochen lassen).
- Den Apfelpudding auf den erkalteten Teig füllen.
- Für den Eierlikör-Pudding die Gelatine in etwas kaltem Wasser einweichen.
- 50 ml Milch mit dem Puddingpulver verrühren. Die restliche Milch mit dem Zucker und dem Vanillezucker zum Kochen bringen. Topf von der Flamme nehmen, unter Rühren die Puddingpulver-Masse dazu geben, nochmals kurz aufkochen lassen. Die Gelatine ausdrücken und unter den heißen Pudding rühren. Eierlikör dazu geben, alles vermischen und sofort auf die Apfelfüllung geben. Glatt streichen, die Torte anschließend kalt stellen.
- Vor dem Servieren den Springformrand lösen und die Torte evtl. mit Schokostreuseln verzieren.

Ober-/ Unterhitze: 180°C
Heißluft: 160°C
Backzeit: ca. 25 Minuten

Apfel-Rührkuchen

Rezept für eine Rührkuchenform (ca. 30x11 cm)
Insgesamt ca. 4044 kcal
Bei 15 Portionen ca. 269 kcal / Portion

Teig:

150	g	Margarine
3		Eier
130	g	Zucker
200	g	Hermannteig (1 Portion)
130	g	Mehl
130	g	Haselnüsse, gemahlen
½	Pckg.	Backpulver
1	TL	Zimt
1	Prise	Salz
3		Äpfel (mittelgroß, z.B. Boskop)
50	g	Rum-Rosinen

Zubereitung:
- Backofen vor heizen. Eine Rührkuchenform einfetten.
- Die Zutaten für den Teig in der aufgeführten Reihenfolge miteinander verrühren.
- Zuletzt die geschälten, entkernten und in kleine Stücke geschnittenen Äpfel unterheben, die Rosinen dazu geben.
- Die Backform auf mittlerer Einschubleiste in den Backofen schieben, nach ca. 15 Minuten Backzeit den Kuchen über die gesamte Länge ca. 1,5 cm tief einschneiden.
- Zum Backzeitende mittels Stäbchenprobe prüfen, ob der Kuchen durch gebacken ist.
- Ca. 10 Minuten in der Form abkühlen lassen, anschließend die Form entfernen.

Ober-/ Unterhitze: 180°C
Heißluft: 160°C
Backzeit: ca. 65 Minuten

Tipps:
-   Nach Belieben kann der Kuchen mit einer Puderzucker-Zimt Glasur überzogen oder einfach nur mit Puderzucker bestäubt werden.
-   Die Äpfel können auch durch Kirschen oder Stachelbeeren ersetzt werden.

Banana-Split-Gugelhupf

Rezept für eine Gugelhupf-Form (Durchmesser ca. 22cm)
Insgesamt ca. 4409 kcal
Bei 12 Portionen ca. 368 kcal / Portion

Teig:

200	g	Mehl
10	g	Backpulver
5	g	Natron
130	g	Zucker
1	Pckg.	Vanillezucker
1	Prise	Salz
3		Eier
70	g	Speiseöl
100	g	Saure Sahne
200	g	Hermannteig (1 Portion)
3		Bananen (kleine Früchte, oder 2 große Bananen)
60	g	Schokosplitter

Frosting:

50	g	Butter
50	g	Puderzucker
25	g	Kakaopulver

Zubereitung:
- Backofen vor heizen. Die Backform fetten.
- Die festen Zutaten vermischen (außer Schokosplitter).
- Die flüssigen Teigzutaten verrühren. Die Bananen schälen, mit einer Gabel zu Brei drücken und mit etwas Zitronensaft vermischen. Anschließend das Bananenmus zu den flüssigen Teigzutaten geben.
- Feste Teigzutaten mit den flüssigen Zutaten verrühren, zuletzt die Schokostückchen unter heben.
- Den Teig in die Form geben und auf mittlerer Einschubleiste backen.
- Die Butter für das Frosting aus dem Kühlschrank nehmen und bei Zimmertemperatur weich werden lassen.
- Zum Garzeitende mittels eines trockenen Holzstäbchens prüfen, ob der Kuchen durch gebacken ist.
- Den Gugelhupf in der Form ca. 15 Minuten stehen lassen, erst dann heraus stürzen.
- Für das Frosting werden die Zutaten vermischt. Eventuell ist es notwendig, dass die Butter in der Mikrowelle erwärmt wird. Der Guss wird gleich nach dem Stürzen auf den warmen Kuchen gestrichen, sodass er noch einziehen kann!

Ober-/ Unterhitze: 180°C
Heißluft: 160°C
Backzeit: ca. 45 Minuten

Apfel-Eierlikör-Pudding-Torte

Apfel-Rührkuchen

Banana-Split-Gugelhupf

Brombeer-Nuss-Kuchen

Eierkuchen

Blubberkuchen

Rezept für ein Kuchenblech (ca. 30x40cm)
Insgesamt ca. 4918 kcal
Bei 16 Portionen ca. 307 kcal / Portion

Teig:

280	g	Mehl
300	g	Zucker
1	Pckg.	Backpulver
1	Prise	Salz
1	Pckg.	Vanillezucker
4		Eier
130	g	Speiseöl
120	g	Sprudelwasser
200	g	Hermannteig (1 Portion)
1		Zitrone (Saft, Schale)

Guss:

150	g	Puderzucker
2	EL	Zitronensaft
10	g	Butter

Zubereitung:

- Backofen vor heizen. Ein Kuchenblech einfetten.
- Mehl, Zucker, Backpulver, Vanillezucker und Salz vermischen. Zitronenschale mit einer feinen Reibe ab raspeln und dazu geben.
  Eier, Öl, Sprudelwasser, Zitronensaft und Hermannteig zu den festen Teigzutaten geben und alles zu einem glatten Teig verrühren.
- Den Teig gleichmäßig auf dem Blech verteilen und auf mittlerer Einschubleiste backen, bis er an der Oberfläche

leicht zu bräunen beginnt. Mit einem trockenen Holzstäbchen in die Teigmitte stechen und testen, ob der Kuchen gar ist (Stäbchenprobe).
- Den erkalteten Kuchen mit einem Guss aus Puderzucker, Zitronensaft und zerlassener Butter überziehen.

Ober-/ Unterhitze: 180°C
Heißluft: 160°C
Backzeit: ca. 20-25 Minuten

Tipps:
- Wer keine frische Zitrone zur Hand hat, der kann auch Backaroma verwenden.
- Das Sprudelwasser kann auch durch Orangenlimonade ersetzt werden, alternativ zum Zitronenguss ist auch ein Schokoladen – oder Nougatüberzug möglich.

Brombeer-Nuss-Kuchen

Rezept für eine Rührkuchenform (ca. 30x11 cm)
Insgesamt ca. 4629 kcal
Bei 20 Portionen ca. 232 kcal / Portion

Teig:

200	g	Mehl
100	g	Haselnüsse, gemahlen
150	g	Zucker
1	Pckg.	Backpulver
1	Prise	Salz
1	Pckg.	Vanillezucker
3		Eier
80	g	Butter
100	g	Amaretto (ital. Mandellikör)
50	g	Milch
200	g	Hermannteig (1 Portion)
1	Glas	Brombeeren (Einwaage ca. 340 g)
1	EL	Mehl

Guss:

150	g	Puderzucker
25	g	Brombeersaft (aus dem Glas)

Zubereitung:
- Backofen vor heizen. Eine Rührkuchenform einfetten.
- Mehl, Nüsse, Zucker, Backpulver, Vanillezucker und Salz vermischen. Eier, die weiche Butter, Amaretto, Milch und Hermannteig zu den festen Zutaten geben und alles zu einem glatten Teig verrühren.
- Ca. 5 EL des Teiges in der Backform verteilen.

- Die Brombeeren mit Mehl bestäuben und vorsichtig unter den restlichen Teig heben.
- Den Brombeer-Teig gleichmäßig verteilen und den Kuchen auf mittlerer Einschubleiste backen. Nach ca. 15 Minuten Backzeit sollte der Kuchen der Länge nach mit einem Messer ca. 1 cm tief eingeschnitten werden, sodass er gleichmäßig auf reißen kann. Zum Backzeitende mit einem trockenen Holzstäbchen in die Kuchenmitte stechen und testen, ob der Kuchen gar ist.
- Den Kuchen nach ca. 15 Minuten aus der Form lösen und vollständig abkühlen lassen.
- Den erkalteten Rührkuchen mit einem Guss aus Puderzucker und Brombeersaft überziehen.

Ober-/ Unterhitze: 180°C
Heißluft: 160°C
Backzeit: ca. 50 Minuten

Eierkuchen

Rezept für 4 Portionen
Insgesamt ca. 1234 kcal
Pro Portionen ca. 309 kcal

Teig:

200	g	Hermannteig (1 Portion)
4		Eier
40	ml	Milch

Weiterhin wird benötigt:

30	g	Margarine
		Zimtzucker
		Apfelmus

Zubereitung:
- Zutaten für den Teig verrühren.
- Margarine in einer Bratpfanne erhitzen, ¼ des Teiges hinein gießen und so lange bei mittlerer Hitze backen, bis der Teig an den Rändern leicht zu bräunen beginnt.
- Eierkuchen evtl. mit Zimtzucker bestreuen, aufrollen und mit Apfelmus servieren.
- Mit dem restlichen Teig ebenso verfahren und drei weitere Eierkuchen backen.
- Wenn für die Zubereitung nur eine Pfanne benutzt wird, empfiehlt sich das Warmhalten der bereits fertigen Eierkuchen im auf 80°C vor geheizten Backofen.

Varianten:

- Teig in die Pfanne gießen, frische Heidelbeeren darauf verteilen. Eierkuchen nach dem Backen mit Zimtzucker bestreuen.
- Eierkuchen zusammen mit einer Kugel Vanille- oder Nuss-Eis servieren.
- Als Füllung Rote Grütze (aus dem Glas, mit ganzen Früchten) verwenden.
- Die Eierkuchen schmecken auch sehr lecker, wenn man sie mit Ahornsirup beträufelt.
- Einen Apfel fein reiben und vor dem Backen unter den Teig mischen. Nach Geschmack mit Zimtzucker bestreut, mit steif geschlagener Sahne oder mit Vanille-Eis servieren.
- Den Teig mit einem Esslöffel gehackter Nüsse oder Mandeln verfeinern.
- Eine Banane in feine Scheiben schneiden, diese vor dem Aufrollen auf den Eierkuchen legen. Mit Schokoladensoße besprenkeln und servieren.

Eierlikörkuchen

Rezept für eine Springform mit Rohrboden (Kranzform, Durchmesser ca. 26cm)

Insgesamt ca. 5007 kcal

Bei 15 Portionen ca. 334 kcal / Portion

Zutaten:

75	g	Mehl
125	g	Speisestärke
1	Pckg.	Backpulver
200	g	Puderzucker
2	Pckg.	Vanillezucker
200	g	Speiseöl
220	g	Eierlikör
5		Eier
200	g	Hermannteig
		Puderzucker

Zubereitung:

- Backofen vor heizen, die Backform fetten.
- Eier, Puderzucker und Vanillezucker schaumig rühren.
- Hermannteig dazu geben und unter heben.
- Mehl, Speisestärke, Backpulver vermischen und abwechselnd mit den flüssigen Zutaten zum Teig geben. Alles zu einer glatten Teigmasse vermischen.
- Den Teig in die vorbereitete Form füllen, auf mittlerer Einschubleiste backen. Nach Backzeitende erst 10 Minuten abkühlen lassen, im Anschluss aus der Form stürzen und vollständig erkalten lassen.
- Vor dem Servieren mit Puderzucker bestäuben.

Ober-/ Unterhitze: 180°C
Heißluft: 160°C
Backzeit: ca. 60 Minuten

Tipp:
Variieren Sie, indem Sie den Eierlikör im Teig durch Kaffee-, Vanille- oder Nusslikör ersetzen.

Gedeckter Apfelmuskuchen

Rezept für eine Springform (Durchmesser ca. 26cm)

Insgesamt ca. 3611 kcal

Bei 12 Portionen ca. 301 kcal / Portion

Teig:

300	g	Mehl
80	g	Zucker
½	Pckg.	Backpulver
100	g	Butter (weich)
200	g	Hermannteig

Füllung:

1	Glas	Apfelmus (Einwaage 720g)
1	Pckg.	Puddingpulver (Vanille)
½	TL	Zimt

Glasur:

100	g	Puderzucker
1	EL	Milch

<u>Zubereitung:</u>

- Backofen vor heizen. Die Backform fetten.
- Zutaten für den Teig vermischen. Hierfür zunächst die festen Zutaten in eine Schüssel geben, anschließend den Hermannteig und die weiche Butter dazu geben. Der fertige Teig sollte einem Streuselteig ähneln.
- Puddingpulver mit etwas Apfelmus verrühren, den Zimt dazu geben. Wenn das Puddingpulver glatt gerührt ist, wird es zum restlichen Apfelmus gegeben und alles verrührt.
- Ca. 2/3 des Teiges in die Springform geben. Den Boden der Form bedecken und einen ca. 2 cm hohen Rand formen.
- Den restlichen Teig am besten auf einem mit Frischhaltefolie bedeckten zweiten Springformboden glatt drücken, sodass die Teigplatte genauso groß ist wie der vorbereitete Teig in der Springform.
- Die Apfelmus-Masse auf den Teig in der Form geben und glatt streichen. Anschließend die vorbereitete Teigdecke auf die Apfelmasse legen. Hierzu wird der Teig umgedreht und anschließend die Frischhaltefolie vorsichtig wieder ab gezogen.
- Die Teigdecke mittig platzieren und mit einer Gabel am Teig-Rand fest drücken. Mit einem Holzstäbchen vorsichtig mehrere Löcher in die Teigdecke stechen. Diese sollten gleichmäßig auf dem gesamten Kuchen verteilt sein, sodass später beim Backen der heiße Dampf entweichen kann und sich die Teigdecke nicht hebt.
- Den Kuchen auf unterster Einschubleiste in den heißen Backofen schieben und backen, bis die Oberfläche richtig schön goldbraun ist.
- Nach Backzeitende wird der Kuchen in der Form auf einen Kuchenrost gestellt.

- Wenn der Kuchen vollständig erkaltet ist, wird der Puderzucker mit etwas Milch glatt gerührt und auf der Kuchenoberfläche breit gestrichen.
- Bis zum Servieren kalt stellen!

Ober-/ Unterhitze: 180°C
Heißluft: 160°C
Backzeit: ca. 45 Minuten

Tipps:

- Wem es zu kompliziert erscheint, eine Decke für den Kuchen zu bereiten (was etwas Übung erfordert), der kann den Teig für die Decke auch in kleinen Streuseln über den Kuchen bröseln. Der Zuckerguss wird dann einfach darüber gesprenkelt. Auch ist es möglich, dass man den Teig für die Decke ausrollt und in Streifen schneidet, die man anschließend gitterförmig auf den Kuchen legt. Weitere Variante: Teig ausrollen und mit einem Plätzchenausstecher verschiedene Formen ausstechen!
- Der Kuchen kann gut am Vortag zubereitet werden. So zieht er schön durch und die Teigdecke ist nicht so knusprig! Gerade mit Streuseln schmeckt der Kuchen natürlich auch frisch besonders lecker. Vor dem Anschneiden sollte der Kuchen jedoch in jedem Fall komplett erkaltet sein, sonst ist die Apfelmusfüllung noch zu flüssig und fließt beim Schneiden heraus.
- Wer Rosinen mag, der gibt ca. 50 g davon in die Apfelmusmasse.
- Man kann an Stelle des Gusses auch 80 g Mandeln (gehackt, Stifte oder Blättchen) mit 80 g Zucker und 30 g geschmolzener Butter vermischen und vor dem Backen auf der Teigdecke verteilen.

Gefüllte Bienenstich-Torte

Rezept für eine Springform (Durchmesser 26cm)
Insgesamt ca. 3945 kcal
Bei 12 Portionen ca. 329 kcal / Portion

Teig:

200	g	Mehl
3	TL	Backpulver (gestrichen voll, ca. 9g)
110	g	Zucker
1	Pckg.	Vanillezucker
1	Pckg.	Zitronen-Aroma
1	Prise	Salz
3		Eier
80	g	Butter
150	ml	Milch
200	g	Hermannteig (1 Portion)

Belag:

30	g	Butter
20	g	Zucker
50	g	Mandeln, gehobelt

Füllung:

250	g	Milch
50	g	Zucker
1	Pckg.	Vanillezucker
½	Pckg.	Vanillepudding-Pulver
1	Prise	Salz
3		Eiklar

Zubereitung:

- Backofen vor heizen. Die Springform einfetten.
- Feste Zutaten für den Teig in eine Rührschüssel geben und vermischen, die flüssigen Zutaten hinzufügen und alles zu einem glatten Teig verrühren.
- Die Masse in der gefetteten Form breit streichen, auf der untersten Einschubhöhe in den Backofen schieben.
- Butter für den Belag schmelzen, mit Mandeln und Zucker vermischen und nach der ersten Backzeit auf dem Teig verteilen. Erst dann fertig backen!
- Den Kuchen in der Form abkühlen lassen (z.B. über Nacht).
- Den kalten Teigboden waagerecht teilen, den unteren Teil auf eine Tortenplatte setzen und den Springformrand (oder einen Tortenring) wieder darum stellen.
- Für die Füllung: Eiklar mit Salz steif schlagen, bis ein Messerschnitt sichtbar bleibt.
  Aus Milch, Puddingpulver und dem Zucker einen Pudding kochen. Eischnee nach und nach unterrühren und unbedingt kurz mit aufkochen lassen, dabei die Masse gründlich rühren.
- Puddingmasse auf der unteren Teighälfte breit streichen, den Deckel darauf setzen und leicht andrücken.
- Torte vor dem Servieren mindestens für 2 Stunden in den Kühlschrank stellen!

Ober-/ Unterhitze: 180°C
Heißluft: 160°C
1. Backzeit: ca. 20 Minuten
2. Backzeit: ca. 20 Minuten

Tipp:
Der Kuchen ist am zweiten Tag besonders lecker, da er dann gut durch gezogen ist.

Gedeckter Apfelmuskuchen

Gefüllte Bienenstichtorte

Heidelbeer – Muffins

Kirsch – Schoko – Kuchen

Kokos – Gugelhupf

Marzipan - Schoko - Gugelhupf

Möhrentorte

Quarkkuchen mit Mandarinen

Heidelbeer - Muffins

Rezept für 12 Muffins
Insgesamt ca. 2349 kcal
Bei 12 Portionen ca. 195 kcal / Portion

Teig:

250	g	Mehl
100	g	Zucker
½	Pckg.	Backpulver
½	TL	Natron
80	g	Speiseöl
1		Ei
200	g	Buttermilch
200	g	Hermannteig (1 Portion)
200	g	Heidelbeeren (frisch oder Tiefkühlprodukt)
		Puderzucker

Zubereitung:

- Das Muffin-Blech fetten. Wer keine solche Form besitzt, stellt immer zwei Papierförmchen ineinander (für 12 Portionen, also werden 24 Papiermanschetten benötigt).
- Backofen vor heizen.
- Alle festen Zutaten in eine Rührschüssel geben und vermischen. Die flüssigen Zutaten ebenfalls vermischen. Anschließend die flüssige Mischung zu den festen Zutaten geben und alles gründlich verrühren. Zum Schluss die Heidelbeeren (tiefgekühlte Beeren nicht auftauen!) unter den Teig heben.

- Das Blech auf mittlerer Einschubleiste in den Backofen stellen, nach Vorgabe backen. Vor Beendigung des Backvorganges mittels eines trockenen Holzstäbchens überprüfen, ob die Muffins durch gebacken sind.
- Das Muffin-Blech auf einem Kuchengitter ca. 15 Minuten stehen lassen, erst nach dieser Ruhezeit sollten die Muffins aus der Form gestürzt werden.
- Vor dem Servieren mit Puderzucker dekorieren und in Papierförmchen stellen.

Ober-/ Unterhitze: 180°C
Heißluft: 160°C
Backzeit: ca. 25 Minuten

Tipps:
- Die Muffins können durch Zugabe von etwas Zimt geschmacklich verfeinert werden.
- An Stelle des Puderzuckers kann auch ein Zuckerguss aus Puderzucker und Milch bereitet werden, der nach dem Abkühlen über die Muffins gegeben wird. Auch hier kann etwas Zimt hinzu gegeben werden.

Kirsch-Schoko-Kuchen

Rezept für ein Kuchenblech (ca. 30x40cm)
Insgesamt ca. 4893 kcal
Bei 16 Portionen ca. 306 kcal / Portion

Teig:

4		Eier
200	g	Zucker
320	g	Mehl
30	g	Kakaopulver
1	Pckg.	Backpulver
1	Prise	Salz
300	g	Schmand
200	g	Hermannteig (1 Portion)

Belag:

1	Glas	Kirschen (Schattenmorellen, Abtropfgewicht 340 g)

Streusel:

100	g	Mehl
60	g	Zucker
60	g	Butter

Zubereitung:

- Backofen vor heizen, das Backblech fetten.
- Kirschen in einem Sieb abtropfen lassen, den Saft anderweitig verwenden.
- Eier trennen, das Eiklar mit einer Prise Salz zu schnittfestem Schnee schlagen.
- Mehl und Zucker für die Streusel vermischen. Butter schmelzen, darüber gießen und mit Hilfe einer Gabel durchmischen.

- Eigelb und Zucker schaumig rühren. Mehl, Backpulver, Kakaopulver vermischen. Die trockenen Zutaten, Hermannteig und Schmand zu der Eigelb-Zucker-Masse geben und alles zu einem glatten Teig verrühren. Zuletzt den Eischnee unterheben.
- Den Teig auf das Blech geben und gleichmäßig breit streichen. Anschließend die Schattenmorellen darauf verteilen, die feinen Streusel darüber krümeln.
- Den Kuchen auf der untersten Einschubleiste in den Backofen schieben, nach Ende der ersten Backzeit auf der mittleren Einschubleiste fertig backen (2. Backzeit).
- Kuchen auf einen Kuchenrost stellen und abkühlen lassen.

Ober-/ Unterhitze: 180°C
Heißluft: 160°C
1. Backzeit: 15 Minuten
2. Backzeit: ca. 20 Minuten

Tipp:
- Durch das Bestäuben des Kuchenteiges mit etwas Mehl kann man verhindern, dass die Früchte nach unten rutschen.
- An Stelle von Kirschen kann man für diesen Kuchen auch Aprikosen – oder Pfirsichspalten verwenden.

Kokos - Gugelhupf

Rezept für eine Gugelhupf-Form
Insgesamt ca. 4163 kcal
Bei 16 Portionen ca. 260 kcal / Portion

Teig:

200	g	Mehl
100	g	Kokos, geraspelt
130	g	Zucker
1	Pckg.	Backpulver
1	Pckg.	Vanillezucker
		Prise Salz
3		Eier
80	g	Margarine
150	g	Kokosmilch, ungesüßt (Konserve)
200	g	Hermann-Teig

Überzug:

100	g	Kuvertüre, weiß
10	g	Kokosfett

Zubereitung:

- Backofen vor heizen.
- Mehl, Zucker, Kokos und die restlichen festen Teigzutaten in einer Schüssel vermischen.
- Margarine schmelzen und mit den übrigen flüssigen Zutaten zu den festen Zutaten geben.
- Alles in ca. 3 Minuten mit dem Handrührgerät (höchste Stufe) zu einem glatten Teig verarbeiten, anschließend die Masse in die vorbereitete Gugelhupf-Form füllen.

- Auf mittlerer Einschubleiste backen, nach Backzeitende eine Stäbchenprobe machen. Den Kuchen ca. 15 Minuten in der Form stehen lassen, erst dann stürzen!
- Gugelhupf auf einem mit Backpapier belegten Kuchenrost vollständig abkühlen.
- Kuvertüre und Kokosfett schmelzen, den Gugelhupf damit besprenkeln.

Ober-/ Unterhitze: 180°C
Heißluft: 160°C
Backzeit: 50 Minuten

Marzipan-Schoko-Gugelhupf
Rezept für eine Gugelhupf-Form
Insgesamt ca. 4076 kcal
Bei 16 Portionen ca. 340 kcal / Portion

<u>Teig:</u>

200	g	Mehl
100	g	Zucker
1	Pckg.	Backpulver
1	Pckg.	Vanillezucker
70	g	Speiseöl
3		Eier
150	g	Buttermilch
1	TL	Natron (gestrichen voll)
175	g	Marzipanbrot
200	g	Hermannteig

30	g	Aprikosen-Konfitüre
10	g	Butter
100	g	Kuvertüre (Vollmilch)

Zubereitung:

- Backofen vor heizen, die Rührkuchenform fetten.
- Marzipanbrot fein würfeln. Alle Teigzutaten zu einem glatten Teig verrühren, zuletzt die Marzipanstücke in die Masse geben.
- Den Teig in die Form füllen, auf der mittleren Einschubleiste backen. Vor Beendigung des Backvorgangs mittels eines trockenen Holzstäbchens prüfen, ob der Kuchen gar ist.
- Den Gugelhupf in der Form etwa 20 Minuten stehen lassen, anschließend heraus stürzen und mit zerlassener Konfitüre einstreichen.
- Den Kuchen vollständig erkalten lassen. Butter und Kuvertüre schmelzen, den Gugelhupf damit überziehen.

Ober-/ Unterhitze: 180°C
Heißluft: 160°C
Backzeit: 50 Minuten

Mohn-Marmor-Gugelhupf

Rezept für eine Gugelhupfform (ca. 22 cm Durchmesser)
Insgesamt ca. 4112 kcal
Bei 12 Portionen ca. 343 kcal / Portion

Teig:

250	g	Mehl
1	Pckg.	Backpulver
70	g	Zucker
1	Pckg.	Vanillezucker
3		Eier
150	g	Vollmilch-Joghurt
50	ml	Milch
100	g	Speiseöl
200	g	Hermannteig (1 Portion)
50	g	Rum-Rosinen

Mohnmasse:

250	g	Backfertige Mohnfüllung
1		Ei
2	EL	Rum
1		Apfel (ca. 150g)
50	g	Haselnüsse, gemahlen
40	g	Aprikosenkonfitüre

Zubereitung:
- Backofen vor heizen. Die Backform einfetten.
- Zutaten für die Mohnfüllung vermischen.
- Feste Zutaten für den Teig in eine Rührschüssel geben und mischen, dann die restlichen Teigzutaten (außer die Rosinen)

dazu geben und alles mit dem Handrührgerät zu einer glatten Masse verrühren. Erst dann die Rosinen unter heben.

- Ein Drittel des Teiges in die Backform füllen. Die Hälfte der Mohnfüllung darauf verteilen. Ein weiteres Drittel der hellen Masse darüber geben, die restliche Mohnmasse darüber geben und mit dem Rührteig abschließen.
- Eine Kuchengabel spiralförmig durch den Teig ziehen, sodass ein Marmormuster entsteht.
- Den Kuchen auf mittlerer Einschubleiste in den Backofen schieben und backen. Zum Backzeitende mittels Stäbchenprobe prüfen, ob der Kuchen gar ist.
- Den Gugelhupf in der Form 25 Minuten ruhen lassen, erst dann stürzen.
- Aprikosenmarmelade erhitzen und den Kuchen damit bestreichen, so bleibt er schön saftig.

Ober-/ Unterhitze: 180°C
Heißluft: 160°C
Backzeit: ca. 55 Minuten

Möhrentorte

Rezept für eine Springform (Durchmesser 26cm)

Insgesamt ca. 3752 kcal

Bei 12 Portionen ca. 313 kcal / Portion

Teig:

200	g	Mehl
100	g	Kokosraspel
150	g	Rohrzucker
10	g	Backpulver
5	g	Natron
3		Eier
		Prise Salz
150	g	Joghurt (Vollmilch)
50	g	Speiseöl, geschmacksneutral
300	g	Möhren (vorbereitet gewogen)
200	g	Hermannteig (1 Portion)

Füllung und Glasur:

100	g	Aprikosenkonfitüre
50	g	Zucker (Hagelzucker)

Zubereitung:
- Backofen vor heizen. Die Springform einfetten.
- Möhren waschen, schälen und fein raspeln.
- Feste Zutaten für den Teig in eine Rührschüssel geben und vermischen.
- Eier trennen. Die Eiweiße mit dem Salz mit Hilfe eines Handrührgerätes zu schnittfestem Schnee schlagen.
- Die Eidotter mit den restlichen flüssigen Zutaten verrühren.
- Feste Zutaten mit der flüssigen Masse verrühren, zuletzt die Möhren unter heben.

- Teig in die vorbereitete Springform füllen. Erste Backzeit auf mittlerer Einschubleiste, zu Beginn der zweiten Backzeit wird der Kuchen auf die unterste Einschubleiste gesetzt.
- Zum Backzeitende mittels eines trockenen Holzstäbchens prüfen, ob der Teig durch gebacken ist (Stäbchenprobe).
- Den Kuchen aus dem Backofen nehmen, in der Form lassen und auf einen Kuchenrost stellen.
- Die Hälfte der Konfitüre erhitzen und den noch heißen Kuchen damit bepinseln, anschließend mit dem Zucker bestreuen.
- Den erkalteten Kuchen quer halbieren und mit der restlichen Aprikosenkonfitüre füllen.

Ober-/ Unterhitze: 180°C
Heißluft: 160°C
1. Backzeit: 35 Minuten
2. Backzeit: ca. 15 Minuten

Preiselbeer - Muffins

Rezept für 12 Muffins

Insgesamt ca. 3778 kcal

Bei 12 Portionen ca. 315 kcal / Portion

Teig:

200	g	Preiselbeeren, getrocknet
175	g	Mehl
1	Pckg.	Backpulver
75	g	Zucker
1	Pckg.	Vanillezucker
1	Prise	Salz
2		Eier
75	g	Speiseöl
100	g	Eierlikör
50	g	Milch
200	g	Hermannteig (1 Portion)

Guss:

100	g	Kuvertüre (Vollmilch)
20	g	Butter

Zubereitung:

- Mehl, Backpulver, Zucker, Vanillezucker und Salz vermischen. Die flüssigen Zutaten dazu geben und alles zu einem glatten Teig verarbeiten. Zuletzt die Preiselbeeren unterheben.
- Den Teig gleichmäßig in den gefetteten, bzw. mit Papierbackförmchen aus gekleideten, Muffin-Förmchen verteilen.
- Das Muffin-Blech in den vor geheizten Backofen schieben.

- Die Muffins nach Ende der Backzeit ca. 10 Minuten in der Form abkühlen lassen, anschließend heraus lösen und auf einem Kuchenrost vollständig erkalten lassen.
- Für den Guss Kuvertüre mit der Butter schmelzen und über die Muffins sprenkeln.

Ober-/ Unterhitze: 180°C
Heißluft: 160°C
Backzeit: ca. 20 Minuten

Tipp:
- Die Muffins gleich nach dem Backen mit zerlassener Aprikosenkonfitüre bestreichen und nach dem Abkühlen mit Schokoladenguss überziehen!
- Optional können die Muffins mit getrockneten Preiselbeeren dekoriert werden.
- An Stelle der Preiselbeeren kann man auch getrocknete Kirschen verwenden.

Quarkkuchen mit Mandarinen

Rezept für ein Kuchenblech (ca. 30x40cm)
Insgesamt ca. 5132 kcal
Bei 16 Portionen ca. 321 kcal / Portion

Teig:

240	g	Mehl
1/2	Wfl.	Hefe (ca. 21g)
1	Pckg.	Vanillezucker
		Prise Salz
50	g	Butter (lauwarm)
200	g	Hermannteig (1 Portion)

Belag:

500	g	Milch
1	Pckg.	Puddingpulver, Vanillegeschmack
200	g	Zucker
500	g	Magerquark
4		Eier
75	g	Speiseöl

1	Dose	Mandarinen (Einwaage ca.820g)
1	Pckg.	Tortengusspulver, klar

Zubereitung:

- Zutaten für den Teig in eine Schüssel geben und gründlich verrühren. Anschließend zu gedeckt an einem warmen Ort gehen lassen, bis er sich vergrößert hat.
- Mandarinen abtropfen lassen, den Saft davon auffangen.
- Den Teig ausrollen und auf das gefettete Kuchenblech legen, ein Rand muss nicht hoch gezogen werden.
- Backofen vor heizen.

- Aus Milch, Puddingpulver und 50 g Zucker einen Pudding kochen. Den restlichen Zucker unterrühren. Nacheinander Quark, Eier und Speiseöl unter die Puddingmasse rühren.
- Den Pudding auf der Teigplatte verteilen, die Mandarinen auf den Pudding legen.
- Auf der untersten Einschubleiste backen. Anschließend auf einem Kuchenrost abkühlen lassen.
- Aus Mandarinensaft und Tortengusspulver einen Guss bereiten, diesen gleichmäßig auf dem erkalteten Kuchen verteilen.

Ober-/ Unterhitze: 180°C
Heißluft: 160°C
Backzeit: ca. 30-35 Minuten

Quark - Mandarinen - Muffins

Rezept für 12 Muffins
Insgesamt ca. 2734 kcal
Bei 12 Portionen ca. 228 kcal / Portion

Teig:

60	g	Butter
140	g	Zucker
2		Eier
1	Prise	Salz
1	Pckg.	Vanillezucker
1	Pckg.	Vanille-Puddingpulver
40	g	Weichweizengrieß
½	Pckg.	Backpulver
2	EL	Zitronensaft
500	g	Magerquark
200	g	Hermannteig (1 Portion)

Belag:

1	Dose	Mandarinen (kleine Dose)
1	Pckg.	Tortengusspulver (rot)
30	g	Zucker

Zubereitung:

- Backofen vor heizen.
- Die Eier trennen. Das Eiweiß mit dem Salz so lange zu Schnee schlagen, bis ein Messerschnitt sichtbar bleibt.
- Weiche Butter und Zucker schaumig rühren, Eier nacheinander in je ca. ½ Minute unterrühren.
- Die übrigen Zutaten zu der Masse geben und alles zu einem gleichmäßigen Teig verrühren. Zuletzt den Eischnee unterziehen!

- Den Teig in die gefetteten Muffin-Förmchen füllen, auf mittlerer Einschubleiste backen.
Nach Backzeitende ca. 15 Minuten in den Förmchen abkühlen lassen, anschließend die Muffins stürzen und vollständig erkalten lassen.
- Mandarinen abtropfen lassen, Saft auffangen und mit Wasser auf 180 ml auffüllen. Die Früchte auf den Muffins verteilen (je Törtchen 2-3 Segmente). Aus Saft, Tortengusspulver und Zucker einen Guss bereiten und die Mandarinenmuffins damit überziehen.

Ober-/ Unterhitze: 180°C
Heißluft: 160°C
Backzeit: ca. 20 Minuten

Tipps:
- Die Muffins direkt im gefetteten Blech backen und erst vor dem Servieren in Papierförmchen setzen. So bleibt kein Teig an den Papierförmchen kleben!
- Man kann jedoch auch Papierförmchen in die Teigmulden (nicht gefettet) geben und die Muffins darin backen. Hier sollte man jedoch 14 Förmchen füllen.
- Wer kein Muffin-Blech besitzt: Einfach 2-3 Papierförmchen ineinander stellen, Teig einfüllen und anschließend backen!

Preiselbeeren-Muffins und Quark-Mandarinen-Muffins

Quarktorte ohne Boden

Rhabarber-Himbeer-Pudding-Kuchen

Russischer Zupfkuchen

Schoko-Kirschpudding-Torte

Quarktorte ohne Boden

Rezept für eine Springform (Durchmesser 26cm)
Insgesamt ca. 3984 kcal
Bei 12 Portionen ca. 332 kcal / Portion

Zutaten:

5		Eier
1	Prise	Salz
200	g	Margarine
150	g	Zucker
1	Pckg.	Vanillezucker
1	Pckg.	Vanillepudding-Pulver
1	Pckg.	Vanillesoße-Pulver („ohne Kochen")
1/2		Zitrone (Saft, Schale)
1	kg	Magerquark
50	g	Rum-Rosinen
200	g	Hermannteig (1 Portion)
		Puderzucker

Zubereitung:

- Backofen vor heizen, die Springform fetten.
- Eier trennen, Eiklar mit der Prise Salz zu schnittfestem Schnee schlagen.
- Weiche Butter, Zucker und Vanillezucker schaumig rühren. Die Eigelbe nach und nach dazu geben, alles sorgfältig verrühren.
- Puddingpulver, Soßenpulver, Zitronenschale und Zitronensaft dazu geben, alles vermischen. Quark unterrühren.

- Den Eischnee unter den Teig heben, zuletzt die Rosinen dazu geben. Den Teig in die Springform füllen und gleichmäßig verteilen.
- Auf mittlerer Schiene backen, nach Backzeitende 10 Minuten im geschlossenen Backofen stehen lassen. Anschließend die Backofentür einen Spalt breit öffnen, den Kuchen in der Form vollständig auskühlen lassen und vor dem Servieren mit Puderzucker bestäuben.

Ober-/ Unterhitze: 180°C
Heißluft: 160°C
Backzeit: ca. 60 Minuten

Tipp:
Die Torte vor dem Schneiden am besten in den Kühlschrank stellen, sodass sie richtig kalt ist.

Rhabarber-Himbeer-Puddingkuchen
Rezept für ein Kuchenblech (ca. 30x40cm)
Insgesamt ca. 4761 kcal
Bei 16 Portionen ca. 298 kcal / Portion

Teig:
270	g	Mehl
1	Pckg.	Trockenhefe
40	g	Zucker
1	Pckg.	Vanillezucker
		Prise Salz
1		Ei

75	g	Butter (lauwarm)
45	g	Milch (lauwarm)
100	g	Hermannteig (1/2 Portion)

Belag:

1000	g	Rhabarber
200	g	Himbeeren
250	g	Zucker
1	Pckg.	Puddingpulver, Vanillegeschmack
100	g	Saure Sahne
50	g	Butter
3		Eier

50	g	Butter
50	g	Zucker

Zubereitung:
- Rhabarber waschen, Stielenden und Blattansätze abschneiden. Es ist nicht nötig, dass der Rhabarber abgezogen wird! Die Stangen in ca. 1 cm lange Stücke schneiden, mit dem Zucker bestreuen und zu gedeckt Saft ziehen lassen (zum Beispiel über Nacht).
- Himbeeren waschen und trocknen lassen (wenn es sich um gefrorene Beeren handelt, können diese ohne Auftauen verwendet werden).
- Zutaten für den Teig nacheinander in eine Rührschüssel geben und gründlich verrühren. Teig zu gedeckt an einem warmen Ort ruhen lassen, bis er sich deutlich vergrößert hat.
- Den Rhabarbersaft auffangen und (falls nötig) mit Wasser auffüllen, sodass 400 ml Flüssigkeit entstehen.

Puddingpulver in die Saure Sahne rühren. Aus Rhabarbersaft und Sahne-Puddingpulver-Mischung einen Pudding kochen.
- Den Hefeteig auf einem gefetteten Backblech ausrollen, mit einer Gabel in regelmäßigen Abständen einstechen.
- Backofen vor heizen.
- Butter und Eier unter den lauwarmen Pudding rühren, anschließend die Puddingmasse auf dem Teig breit streichen und das Obst darauf verteilen.
- Den Kuchen auf mittlerer Einschubleiste in den Backofen schieben und backen.
- Sofort nach Ende der Backzeit mit zerlassener Butter beträufeln und mit Zucker bestreuen.

Ober-/ Unterhitze: 180°C
Heißluft: 160°C
Backzeit: ca. 35 Minuten

Tipps:
- An Stelle von Rhabarber und Himbeeren kann man auch Stachelbeeren (aus dem Glas) für diesen Kuchen verwenden. Die Früchte sollten gut abgetropft sein. Unter den mit Stachelbeersaft gekochten Pudding kann man eine dünne Schicht Nuss-Mus streichen. Die Zuckermenge für den Pudding kann dann etwas reduziert werden.
- Während der Holunderblüte-Zeit ist es möglich, dass man 2 große (oder 3 kleine) Holunderblütendolden zu der Rhabarber-Zucker Mischung gibt. Die Dolden sollten, frisch gepflückt, mit dem Stielansatz nach oben in die Schüssel geben werden, bevor Rhabarber und Zucker eingefüllt werden. Nach Ende der Saftziehzeit werden die Blüten einfach ausgedrückt und entfernt. Bei der Suche ist darauf zu achten, dass man die Blüten von einem Strauch nimmt, der

keinen Schadstoffen ausgesetzt ist. Die Blüten sollten möglichst nicht gewaschen, sondern nur ausgeschüttelt, werden!

Rosinenkuchen

Rezept für eine Gugelhupf-Form (ca. 22cm)
Insgesamt ca. 4819 kcal
Bei 16 Portionen ca. 301 kcal / Portion

Teig:

180	g	Mehl
80	g	Mandeln, gemahlen
1	Pckg.	Backpulver
1	Pckg.	Vanillezucker
150	g	Zucker
		Prise Salz
3		Eier
80	g	Öl
150	g	Milch
200	g	Hermann-Teig
75	g	Rosinen
80	g	Früchtemix (bzw. Orangeat/ Citronat)

Guss:

80	g	Butter
50	g	Milch
40	g	Zucker

Zubereitung:

- Backofen vor heizen. Gugelhupf-Form fetten und aus-mehlen.
- Feste Zutaten für den Teig vermischen, die flüssigen Zutaten dazu geben und alles zu einem glatten Teig verarbeiten. Zuletzt Rosinen und Früchtemix unter heben!
- Teig in die Form füllen und auf mittlerer Einschubleiste backen. Mit einem trockenen Holzstäbchen prüfen, ob der Kuchen gar ist!
- Nach Backzeitende soll der Kuchen zunächst 15 Minuten in der Form ruhen, bevor er heraus gestürzt wird.
- In dieser Zeit den Guss vorbereiten. Dazu Butter mit Milch und Zucker erhitzen, ca. 2 Minuten köcheln lassen (dabei rühren).
- Den Guss über den Gugelhupf gießen, Kuchen abkühlen lassen.

Ober-/ Unterhitze: 180°C
Heißluft: 160°C
Backzeit: 45-50 Minuten

Russische Zupftorte

Rezept für eine Springform (Durchmesser ca. 26cm)
Insgesamt ca. 4046 kcal
Bei 12 Portionen ca. 338 kcal / Portion

Teig:

280	g	Mehl
10	g	Backpulver
100	g	Zucker
100	g	Butter
20	g	Kakaopulver
200	g	Hermannteig (1 Portion)

Quarkfüllung:

500	g	Magerquark
150	g	Zucker
1	Pckg.	Vanillezucker
1	Pckg.	Vanillepudding-Pulver
3		Eier

Zubereitung:

- Backofen vor heizen. Die Backform fetten.
- Feste Zutaten für den Teig in einer Rührschüssel vermischen, dann die flüssige Butter und den Hermannteig dazu geben. Rühren, bis ein gleichmäßiger Streuselteig entstanden ist.
- 2/3 des Teiges in die vorbereitete Springform geben und einen ca. 3 cm hohen Rand formen.
- Zutaten für die Füllung verrühren, auf den Teigboden geben.
- Den restlichen Teig auf der Quarkmasse verteilen. Hierfür zunächst größere Streusel vom Teig ab zupfen, später den

übrigen Teig in kleineren Streuseln darüber krümeln (nach Belieben).
- Auf der untersten Einschubleiste in den Backofen schieben und so lange backen, bis die Quarkmasse an der Oberfläche leicht beginnt, braun zu werden.
- Den Kuchen in der Springform abkühlen lassen und erst anschneiden, wenn er vollständig abgekühlt ist.

Ober-/ Unterhitze: 180°C
Heißluft: 160°C
Backzeit: ca. 45 Minuten

Tipps:
- Ähnlich wie beim Gedeckten Apfelmuskuchen kann man den Teig für die Streusel auch ausrollen und gitterförmig über die Quarkmasse legen.
- Fruchtiger wird der Kuchen, wenn man die Zwischenräume des Teiggitters mit etwas Preiselbeeren – oder Aprikosenmarmelade füllt oder den Teigboden dünn mit Marmelade bestreicht, bevor man die Quarkmasse in die Form füllt.
- Nach Belieben kann der Kuchen vor dem Backen dünn mit Zucker bestreut werden, das sorgt für eine knusprige Kruste.

Sauerkirsch-Puddingkuchen

Rezept für ein Kuchenblech (ca. 30x40cm)
Insgesamt ca. 4306 kcal
Bei 16 Portionen ca. 269 kcal / Portion

Teig:

250	g	Mehl
15	g	Frischhefe
10	g	Zucker
		Prise Salz
1		Ei
75	g	Margarine
200	g	Hermannteig (1 Portion)

Belag:

1200	g	Sauerkirschen (entsteint)
200	g	Zucker
1	Pckg.	Puddingpulver, Vanillegeschmack
100	g	Saure Sahne
50	g	Butter
3		Eier

Zubereitung:

- Kirschen mit dem Zucker für den Belag vermischen und Saft ziehen lassen. Am besten über Nacht!
- Die zimmerwarmen Zutaten für den Teig vermischen und zu gedeckt an einem warmen Ort gehen lassen, bis er sich sichtbar vergrößert hat.
- Den Saft von den Kirschen auffangen, die Früchte in einem Sieb abtropfen lassen.
- Das Backblech fetten, den Hefeteig ausrollen und auf das Blech geben (keinen Rand formen).

- Mit einer Gabel den Teig gleichmäßig einstechen und anschließend nochmals ruhen lassen. Hierfür wird der Teig mit einem Tuch zu gedeckt.
- Backofen vor heizen.
- Von dem Kirschsaft 375 ml abmessen, notfalls mit Wasser auf diese Menge auffüllen. Das Puddingpulver mit der Sahne und etwas Kirschsaft verrühren, den restlichen Saft aufkochen und einen Pudding bereiten. Die Butter unter den leicht abgekühlten Pudding rühren, anschließend die Eier dazu geben.
- Zunächst den Kirschpudding auf den Hefeteig streichen, anschließend werden die Kirschen gleichmäßig darüber verteilt.
- Das Backblech in den Backofen schieben und den Kuchen auf mittlerer Schiene backen.

Ober-/ Unterhitze: 180°C
Heißluft: 160°C
Backzeit: ca. 40 Minuten

Tipp:
Dieser Kuchen kann sehr gut vorbereitet werden. Man kann den Hefeteig auch über Nacht im Kühlschrank ruhen lassen. Am Back - Tag wird er dann für einige Zeit an einen warmen Ort gestellt, sodass die Hefegärung in Gang kommt.

Schoko-Kirschpudding-Torte

Rezept für eine Springform (Durchmesser 26cm)
Insgesamt ca. 4131 kcal
Bei 12 Portionen ca. 344 kcal / Portion

Teig:

220	g	Mehl
100	g	Zucker
100	g	Butter
200	g	Hermannteig (1 Portion)

Puddingmasse:

1	Glas	Kirschen
40	g	Zucker
1	Pckg.	Puddingpulver (Schoko)

Streusel:

75	g	Mehl
60	g	Zucker
60	g	Butter

Guss:

½	Pckg.	Götterspeise-Pulver (Kirsche)
40	g	Zucker

Zubereitung:

- Backofen vor heizen. Die Springform einfetten.
- Butter weich werden lassen (Zimmertemperatur). Teigzutaten verrühren und in der Springform verteilen, einen ca. 2 cm hohen Rand formen.
- Kirschen abtropfen lassen, den Saft auffangen und mit Wasser auf 600 ml auffüllen.

- Aus 350 ml Kirschsaft-Wasser-Gemisch, Puddingpulver und Zucker einen Pudding kochen.
- Mehl und Zucker für die Streusel vermischen, die zerlassene Butter darüber geben und alles verrühren.
- Pudding auf den Kuchenteig verteilen, die Kirschen auf den Pudding geben.
- Streusel gleichmäßig über den Früchten verteilen. Den Kuchen auf der untersten Einschubleiste backen, bis die Streusel beginnen braun zu werden.
- Den Kuchen in der Form erkalten lassen. Dann aus 250 ml Kirschsaft, Zucker und dem Götterspeisepulver einen Guss bereiten. Diesen kurz vor Gelierbeginn gleichmäßig über dem Kuchen verteilen. Mindestens drei Stunden in den Kühlschrank stellen!

Ober-/ Unterhitze: 180°C
Heißluft: 160°C
Backzeit: ca. 60 Minuten

Sauerkirsch – Puddingkuchen   Schwarzwald –Kirschtorte

Versteckter Pflaumenkuchen

Versunkener Streuselkuchen   Zucchini - Rührkuchen

Schwarzwald-Kirschtorte

Rezept für eine Springform (Durchmesser 26cm)
Insgesamt ca. 4446 kcal
Bei 12 Portionen ca. 371 kcal / Portion

Teig:

180	g	Mehl
20	g	Kakao
150	g	Zucker
1	Pckg.	Backpulver
3		Eier
1	Prise	Salz
70	g	Speiseöl
150	g	Milch
200	g	Hermannteig
3	EL	Kirschwasser

Kirschfüllung:

300	g	Sauerkirschen (entsteint gewogen)
60	g	Zucker
30	g	Speisestärke
30	ml	Kirschwasser

Sahnemasse:

200	g	Schlagsahne
1	Blatt	Gelatine, weiß
1	Pckg.	Vanillezucker
1	Pckg.	Sahnesteif

<u>Zubereitung:</u>

- Backofen vor heizen. Die Springform einfetten.
- Zutaten für den Teig verrühren und in die Form füllen. Vor Backzeitende mittels Stäbchenprobe prüfen, ob der Teig durch gebacken ist.
- Den Kuchenteig auf einer Platte auskühlen lassen, erst dann waagerecht halbieren.
- Kirschen mit dem Zucker vermischen, die Masse mit Wasser auf 450 g Gewicht auffüllen.
- Kirschen aufkochen und mit der in dem Kirschwasser gelösten Speisestärke dicken. Abkühlen lassen.
- Den unteren Teigboden mit der Hälfte des Kirschwassers für den Teig beträufeln, die Kirschmasse darauf geben.
- Den zweiten Teigboden darauf setzen und ebenfalls mit Kirschwasser beträufeln.
- Gelatine in kaltem Wasser einweichen. Sahne mit Zucker und Sahnefest steif schlagen. Gelatine ausdrücken, in etwas heißem Wasser auflösen und mit dem Handrührgerät unter die Sahnemasse rühren. Nun schnell vorgehen! Zuerst den Deckel der Torte mit Sahne bestreichen, dann die Masse ringsum am Rand verteilen.
- Die Torte mindestens drei Stunden in den Kühlschrank stellen, vor dem Servieren mit Schokosplittern (und evtl. mit ein paar bei Seite gelegten Kirschen bzw. mit Cocktailkirschen) garnieren.

Ober-/ Unterhitze: 180°C
Heißluft: 160°C
Backzeit: ca. 45 Minuten

Tipps:

- Der Kuchen kann ruhig am Vortag zubereitet werden. Er schmeckt besonders gut, wenn er eine Weile durch gezogen ist.
- Wenn der Teig beim Backen in der Mitte sehr hoch wird, kann man ihn auf Wunsch oben gerade schneiden. Den „Teigbuckel" kann man anderweitig verwenden (z.B. für ein Dessert) - es ist jedoch auch möglich, dass man den Teigboden in drei Teile teilt. Dann einfach 400 g Sahnefüllung und die anderthalbfache Menge von der Kirschmasse bereiten (die Menge der weiteren Zutaten entsprechend anpassen) und den Kuchen doppelt füllen.
- Auf die Kirschfüllung kann man auch zusätzlich etwas von der Sahnemasse geben, bevor man den nächsten Teigboden darauf setzt (in diesem Fall sollte jedoch mehr Sahne verwendet werden, als im Rezept angegeben ist).
- Wenn Kinder mit essen, kann man das Kirschwasser auch durch Kirschsaft ersetzen.
- Wer keine frischen Sauerkirschen hat, der kann auch Schattenmorellen aus dem Glas verwenden (dann entsprechend mit Saft auf 450 g auffüllen, siehe Rezept).

Versteckter Pflaumenkuchen

Rezept für ein Kuchenblech (ca. 30x40cm)

Insgesamt ca. 5504 kcal

Bei 16 Portionen ca. 344 kcal / Portion

Teig:

250	g	Zucker
6		Eier
		Prise Salz
1	Pckg.	Vanillezucker
150	g	Butter
120	ml	Milch
300	g	Mehl
1	Pckg.	Backpulver
1	EL	Rum
½	TL	Zimt
200	g	Hermannteig (1 Portion)
2		GläserPflaumen

Belag:

50	g	Haselnüsse, gehackt
30	g	Zimtzucker
		Puderzucker

Zubereitung:

- Das Kuchenblech fetten, den Backofen auf 170 °C Ober-/ Unterhitze vor heizen.
- Pflaumen in ein Sieb geben und abtropfen lassen, den Saft anderweitig verwenden.

- Eier trennen. Eiweiß mit Salz zu Schnee schlagen, 125 g Zucker einrieseln lassen und mit dem Eischnee vermischen.
- Die Eigelbe werden mit dem restlichen Zucker und dem Vanillezucker schaumig gerührt.
- Butter in die lauwarme Milch geben und weich werden lassen. Die Butter soll sich jedoch nicht komplett auflösen, da der Teig sonst zu flüssig wird.
- Das mit Backpulver vermischte Mehl und den Hermannteig abwechselnd zu den restlichen Zutaten geben, Rum und Zimt unter rühren. Zum Schluss den Eischnee unter den Teig heben.
- Ca. 2/3 des Teiges auf das gefettete Blech geben, breit streichen. Die abgetropften Früchte vorsichtig darauf verteilen und anschließend den restlichen Teig darüber verteilen.
- Gehackte Nüsse und Zimtzucker auf dem Teig verteilen, anschließend auf unterster Einschubleiste in den Backofen schieben und nach Vorschrift backen.
- Den Kuchen auf dem Blech erkalten lassen und vor dem Servieren mit Puderzucker bestäuben.

Ober-/ Unterhitze: 170°C
Heißluft: 160°C
Backzeit: ca. 45 Minuten

Tipps:
- Den Kuchen am besten in einer Fettfangschale backen, da der Teig sehr flüssig ist und so nicht auslaufen kann!
- Zur Pflaumenzeit kann der Kuchen natürlich mit frischem Obst (ca. 1000 g) gebacken werden.

- Vor dem Verteilen der Früchte kann man den Teig dünn mit Gelierzucker (3:1) bestreuen. Dieser verhindert, dass der Teigboden später durch weicht.
- Der Zimt kann weg gelassen werden. Alternativ kann man den Kuchen vor dem Backen nur mit den gehackten Nüssen bestreuen und später aus Puderzucker und Pflaumensaft eine Glasur bereiten.

Versunkener Streuselkuchen

Rezept für ein Kuchenblech (ca. 30x40cm)
Insgesamt ca. 7606 kcal
Bei 16 Portionen ca. 475 kcal / Portion

Rührteig:

300	g	Margarine
150	g	Zucker
6		Eier
1	Pckg.	Vanillezucker
1		Zitrone (die Schale davon)
1	Pckg.	Backpulver
330	g	Mehl
200	g	Hermannteig (1 Portion)

Streusel:

150	g	Mehl
150	g	Zucker
150	g	Butter
15	g	Kakaopulver
80	g	Puderzucker

<u>Zubereitung:</u>
- Backofen vor heizen.
- Weiche Margarine mit Zucker und Vanillezucker schaumig rühren. Nach und nach die Eier unterrühren, den Teig in ca. 3 Minuten schön schaumig schlagen.
- Mehl mit Backpulver und abgeriebener Zitronenschale vermischen, unter den Teig rühren.
- Butter schmelzen und über die Zutaten, die für die Streusel in eine Schüssel gegeben wurden, gießen. Die Masse zu einem Streuselteig verarbeiten.
- Den hellen Teig auf das gefettete Backblech streichen, den Streuselteig darüber krümeln. Dabei darauf achten, dass die Streusel nicht zu klein geraten.
- Den Kuchen auf mittlerer Schiene backen (Stäbchenprobe!), anschließend abkühlen lassen und vor dem Servieren mit Puderzucker dekorieren.

Ober-/ Unterhitze: 180°C
Heißluft: 160°C
Backzeit: 25 Minuten

Waffelteig

Rezept für 4-6 Portionen

Insgesamt ca. 5234 kcal

Zutaten:

250	g	Butter
150	g	Zucker
2	Pckg.	Vanillezucker
5		Eier
450	g	Mehl
2	TL	Backpulver
300	ml	Sprudelwasser
100	ml	Milch
200	g	Hermannteig (1 Portion)
100	g	Puderzucker

Zubereitung:

- Weiche (nicht flüssige) Butter, Zucker und Zucker schaumig rühren, nacheinander die Eier dazu geben.
- Hermannteig in die Rührschüssel geben, das mit dem Backpulver vermischte Mehl abwechselnd mit dem Sprudelwasser bzw. der Milch unter den Teig rühren.
- Das vor geheizte Waffeleisen mit Margarine oder Speiseöl aus pinseln, portionsweise Waffeln backen.
- Die Waffeln mit Puderzucker bestäuben und servieren.

Tipps:

- Der Waffelteig kann geschmacklich durch einen Spritzer Zitronensaft verfeinert werden.
- Zu den Waffeln kann man z.B. auch Apfelmus, Rote Grütze, Nuss – Nougat - Creme oder Vanilleeis reichen.

- Es ist möglich, dass man 100 g des Mehls durch kernige Haferflocken oder durch Vollkorn-Weizenmehl ersetzt.

Zucchini-Rührkuchen

Rezept für eine Rührkuchenform (ca. 30x11 cm)

Insgesamt ca. 4862 kcal

Bei 20 Portionen ca. 243 kcal / Portion

Teig:

200	g	Mehl
200	g	Haselnüsse, gemahlen
200	g	Rohrzucker
2	TL	Backpulver
1	TL	Natron
1	TL	Zimt
1	Prise	Salz
3		Eier
80	g	Speiseöl
200	g	Saure Sahne
300	g	Zucchini
200	g	Hermannteig (1 Portion)

Guss:

80	g	Kakao-Getränkepulver
2	EL	Milch

Zubereitung:
- Backofen vor heizen. Eine Rührkuchenform einfetten.
- Zucchini schälen und klein raspeln.
- Die festen Zutaten in eine Rührschüssel geben.

- Die flüssigen Zutaten in einer anderen Schüssel verrühren und anschließend mit den festen Zutaten zu einem Teig verarbeiten.
- Den Rührteig in die Form füllen, auf der unteren Schiene in den heißen Backofen schieben.
- Nach Backzeitende mittels eines trockenen Holzstäbchens prüfen, ob der Kuchen durch gebacken ist. Anschließend zehn Minuten in der Form abkühlen lassen, erst dann heraus nehmen und vollständig erkalten lassen.
- Kakaopulver mit Milch glatt rühren, den Kuchen mit dem Guss überziehen.

Ober-/ Unterhitze: 180°C
Heißluft: 160°C
Backzeit: ca. 70 Minuten

Tipps:
- Die Zucchini können auch ungeschält gerieben   werden.
- An Stelle des Kakao-Gusses kann man den Kuchen auch mit einer Puderzucker-Zitronensaft-Glasur überziehen.